Ländliche Schneewelt

Endlich ist es so weit, das Weihnachtsfest steht vor der Tür! Die Schneemänner haben sich in Schale geworfen und die Engel freuen sich schon auf das bevorstehende Fest.

In diesem Buch finden Sie viele niedliche Motive aus Holz zur Weihnachts- und Winterzeit. Sie benötigen nur etwas Sperrholz, Acrylfarbe und eine Laub- oder Dekupiersäge – schon kann der Sägespaß beginnen.

Ich wünsche Ihnen viel Freude beim Sägen und Bemalen!

Ihre

Die Motive lassen sich in folgende Schwierigkeitsgrade unterteilen:

● ○ ○ einfach ● ● ○ etwas schwieriger ● ● ● anspruchsvoll

MATERIALIEN UND WERKZEUGE

Folgende Materialien und Werkzeuge werden für fast jedes der hier im Buch gezeigten Modelle benötigt.

- Pappel-Sperrholz, 4 mm, 6 mm, 8 mm und 1 cm stark
- Bleistift
- Schneiderkopierpapier (ggf. auch Kohlepapier)
- Transparentpapier
- Klebefilm
- Laub- oder Dekupiersäge (mit Sägeblättern für Holz)
- Schmirgelpapier, z. B. mit einer Körnung von 80 und 120
- evtl. Schraubzwinge
- Feile
- matte Acryl- oder Bastelfarbe
- breiter Borstenpinsel
- schmaler Pinsel
- dünner, wasserfester Stift in Schwarz
- dünner, wasserfester Stift in Weiß, evtl. Lackstift (für Augen und Zähne)
- evtl. Kreis- oder Ellipsenschablone (für die Augen)
- evtl. Sprühlack
- UHU-Alleskleber Kraft
- Heißklebepistole
- geglühter Draht, ø 0,35 mm, 0,65 mm und 1,4 mm
- Drahtnägel, ø 1,2 mm, 2 cm lang und ø 1 mm, 1,5 cm lang
- Holzschrauben, Senkkopf, ø 3,5 mm, 3 cm lang (für das Anschrauben der Standflächen)
- Bohrer (Spiralbohrer), ø 1,5 mm, 2 mm, 2,5 mm, 3 mm, 4 mm, 4,5 mm und 6 mm
- Bohrmaschine oder Akkuschrauber
- Seitenschneider
- spitze Rundzange
- Hammer
- mittelgroße, spitze Schere
- evtl. Cutter mit Schneideunterlage

Hinweis: Als „Rest" wird immer ein Holzstück bezeichnet, das maximal A5 groß ist.

Hinweis: Der 1,4 mm starke Bindedraht ist unter dem Namen „Rödeldraht" im Baustoffhandel erhältlich!

Hinweis: Stellenweise wurde sehr dicker Filz (6 mm stark) verwendet. Wenn Sie diesen nicht erhalten, dann können Sie stattdessen auchSperrholz verwenden. Ist nichts weiter angegeben, dann ist normaler Bastelfilz gemeint.

So geht es

1 Zuerst alle Motivteile auf das Sperrholz übertragen. Dazu das Schneiderkopierpapier (mit der beschichteten Seite nach unten) auf das Sperrholz legen, darüber die Vorlage platzieren und die Konturen mit einem Bleistift oder Kugelschreiber nachziehen. Zusätzlich Einzelteile (wie z. B. die Arme des Engels auf Seite 7) werden mit etwas Abstand zum Grundmotiv auf das Sperrholz übertragen. Darauf achten, dass die Teile nicht überlappen.

2 Alle Teile mit einer Laub- oder Dekupiersäge aussägen. Die Kanten sorgfältig mit Schmirgelpapier glätten. Für das Aussägen innen liegender Bereiche zunächst ein großes Loch in die Fläche bohren (Bohrer mit ø 6 mm), das Sägeblatt durchführen und die Fläche aussägen.

Hinweis: Die Bohrer, die Sie jeweils zum Vorbohren benötigen, sind in den Materiallisten mit aufgeführt.

3 Alle Teile wie abgebildet bemalen und trocknen lassen. Danach die Augen und Innenlinien mit einem dünnen schwarzen Stift ergänzen. Für das Weiß der Augen wird bei einigen Modellen ein weißer Stift verwendet. Zum Schluss alle benötigten Löcher bohren und die Teile wie in der jeweiligen Anleitung beschrieben zusammensetzen. Für den Außenbereich das Motiv mit wetterfestem Lack besprühen.

Tipps und Tricks

Verwenden von Schablonen

Die Umrisslinien können auch mit einer Schablone auf das Sperrholz übertragen werden. Dazu mit einem Bleistift das Motiv auf Transparentpapier ohne Überschneidung abpausen. Dann das Transparentpapier auf dünnen Karton kleben und die abgepausten Motivteile ausschneiden. Fertig sind die Schablonen, die dann auf das Holz, den Filz oder das Kupferblech gelegt und mit einem Bleistift umfahren werden können!

Sperrholz

Das Sperrholzstück sollte nicht zu knapp bemessen sein. Die in diesem Buch genannten Maße sind Mindestangaben. Ein etwas größeres Stück lässt sich beim Aussägen besser festhalten und ist dadurch sicherer und leichter zu handhaben. Pappel-Sperrholz eignet sich besonders gut für Laubsägearbeiten. Statt 1 cm starkem Sperrholz kann auch etwas dünneres Material verwendet werden.

Drahtlocken

Schöne Drahtlocken erhält man, wenn die Drahtenden um einen runden Gegenstand gewickelt werden, z. B. um einen Pinselstiel.

Befestigung auf der Bodenplatte

Die Unterkante der Figur, die die Standfläche berührt, sollte so exakt wie möglich gearbeitet sein. Unebenheiten bringen die Figur zum Kippen. Besonders bei großen Figuren kann es sinnvoll sein, die Figur auf der Bodenfläche festzuschrauben. Dazu ein oder zwei Löcher (ø 4 mm) im Bereich der Befestigungsfläche in die Bodenplatte bohren. Dann die Position der Löcher an der Unterkante der Figur markieren und dort die entsprechenden Löcher (ø 2 mm) vorbohren. Die Figur von unten durch die Bodenfläche festschrauben.

Figuren bemalen

Um ein Ineinanderlaufen der Farben zu vermeiden, sollte jede Farbe völlig trocken sein, bevor die nächste aufgetragen wird. Wird beim Bemalen zufällig eine Innenlinie übermalt, ist das nicht weiter schlimm. In diesem Fall einfach die Motivvorlage auf Transparentpapier übertragen, die Linien auf der Rückseite mit Bleistift nachziehen und dann das Transparentpapier auf das bereits bemalte Motiv legen. Beim erneuten Nachfahren der Linien überträgt sich der Bleistift-Grafit von der Rückseite des Transparentpapiers. Dann die Innenlinien mit dem schwarzen Stift nachziehen.

Manchmal ist es einfacher, die schwarzen Innenlinien vor dem Ankleben der Einzelteile aufzumalen. Für Augen und Nasen evtl. eine Ellipsen- oder Kreisschablone verwenden. Das Weiß der Augen wird mit weißer Bastelfarbe oder einem weißen Stift aufgetragen. Die meisten Wangenflecken und Nasen erhalten noch einen kleinen weißen Pinselstrich.

Motivrückseite

Bei einigen Motiven lässt sich die Rückseite genauso hübsch wie die Vorderseite gestalten. Dazu müssen alle Einzelteile, die aufgeklebt werden, ein zweites Mal ausgesägt werden. Danach die Innenlinien spiegelverkehrt auf die Motivrückseite übertragen. Dazu alle Linien des Motivs mit einem weichen Bleistift auf Transparentpapier nachzeichnen und dieses mit der Vorderseite nach unten auf das bereits ausgesägte Motiv legen. Nun die aufgezeichneten Innenlinien nachfahren. Dabei zeichnet sich der Grafit der Bleistiftlinien auf dem Sperrholz ab.

Verwenden von Krakelier-Lack

Wenn das Motiv antik wirken soll, wird Krakelier-Lack verwendet. Er sorgt für feine Risse und die Farbe wirkt alt. Als erstes die ausgesägten und gesäuberten Holzteile mit der gewünschten Grundfarbe grundieren und trocknen lassen. Dann die Teile mit Krakelier-Lack bestreichen, wieder trocknen lassen und alles mit der gewünschten Farbe bemalen. Die Farben zügig und möglichst in einer Richtung auftragen. Die kleinen Risse werden relativ schnell sichtbar.

Hübsche Stoffe

Patchworkstoffe eignen sich prima für das Ausschmücken der Motive.

Stattlicher Eisbär

Anleitung
Seite 6

MOTIVHÖHE
ca. 35 cm

MATERIAL
- Sperrholzrest, 6 mm stark
- Sperrholz, 1 cm stark, 1 m x 40 cm
- Acrylfarbe in Antikblau, Weiß, Antikgrün, Schwarz und Karminrot
- Krakelier-Lack
- Holzwäscheklammer, 7 cm lang
- dicker Filzrest in meliertem Grau, 6 mm stark
- Juteschnur in Grün, ø 3 mm, 2 x 22 cm lang
- Paketschnur, ø 1, 7 mm, pro Säckchen ca. 45 cm lang
- Stoffstreifen, 16 cm breit, 38 cm lang
- Stoffrest zum Hinterkleben des Herzens
- Jutestoff in Natur, pro Säckchen ca. 30 cm x 25 cm
- Nähgarn
- 8 Holzschrauben, Senkkopf, ø 3,5 mm, 3 cm lang
- 2 Nägel, ø 1,2 mm, 2 cm lang
- Bohrer, ø 1,5 mm, 2 mm, 4 mm und 6 mm
- Holzleim

VORLAGEN-BOGEN 2B

Stattlicher Eisbär

→ die Mühe lohnt sich

1 Die kleinen Herzen aus dem dünnen, die restlichen Teile aus dem dicken Sperrholz aussägen. Aus der Vorderseite der Kiste eine herzförmige Fläche aussägen. Dazu mit dem dicken Bohrer ein Loch in die Fläche bohren und das Sägeblatt durchstecken.

2 Die Sperrholzteile und die Holzklammer antikblau grundieren, nach dem Trocknen mit Krakelier-Lack bestreichen und nochmals trocknen lassen. Alles wie abgebildet anmalen und die Innenlinien ergänzen. Bohrungen für die Arme und Beine von vorne, in den Füßen von der Seite ausführen. Die Kiste mit Bohrlöchern versehen.

3 Die Nase ankleben, beide Arme festnageln und die Vorderseite der Kiste mit der Filztanne, dem Filzherz und der Klammer bekleben. Die Herzfläche mit Stoff hinterkleben. Die Kiste zusammenschrauben und die Vorderseite mit Holzleim befestigen.

4 Beide Juteschnurstücke an einem Ende mit einem Knoten versehen. Das andere Ende durch das entsprechende Bohrloch an der Vorderseite fädeln, in die Bohrung des jeweiligen Fußes stecken und fixieren.

5 Auf jedes Paketschnurende ein kleines Sperrholzherz stecken und fixieren. Aus den Jutestoffstreifen kleine Säckchen nähen. Dazu den Rand einer langen Seite umschlagen, die anderen Seiten schließen. Eine Öffnung zum Füllen lassen. Den Sack nach den Nähen wenden, mit einem Filzherz versehen und mit Paketschnur zubinden. Die Klammer dient zum Festklemmen eines Wunschzettels. Zum Schluss den Schal um den Hals legen.

MOTIVHÖHE
ca. 51 cm

MATERIAL
- Sperrholzrest, 4 mm stark
- Sperrholz, 6 mm stark, 17 cm x 20 cm
- Sperrholz, 1 cm stark, 55 cm x 60 cm
- Acrylfarbe in Antikblau, Karminrot, Hautfarbe, Antikgrün, Taubenblau, Weiß und Gelbocker
- Krakelier-Lack
- Rohholzhalbkugel, ø 3 cm
- 2 Rohholzhalbkugeln, ø 1,5 cm
- dicker Filz in meliertem Grau, 6 mm stark, A4
- gestrickter Schal, ca. 8 cm breit, 32 cm lang (man braucht dazu ca. 25 g Sockenwolle und Stricknadeln Nr. 3)
- 2 Perlmuttknöpfe in Dunkelblau, ø 2 cm
- Paketschnur, ø 1,7 mm
- Bastlocken in Gelb
- Tafelfolie in Grün, 12 cm x 15 cm
- Schwammstückchen, 5 cm x 4 cm x 2 cm
- Draht, ø 0,35 mm und 0,65 mm
- 2 Nägel, ø 1,2 mm, 2 cm lang
- evtl. 2 Holzschrauben, Senkkopf, ø 3,5 mm, 3 cm lang (zum Festschrauben auf der Standfläche)
- Bohrer, ø 1,5 mm, 2 mm, 2,5 mm und 4 mm

VORLAGENBOGEN
3 B + 4 A + 1 B

Frohes Fest

→ welch eine Begrüßung

1 Den Engel, die Arme, den Stern und die Standfläche aus dem dicken, die Tafel aus dem mittleren und die kleinen Ilexblätter aus dem dünnen Sperrholz aussägen.

2 Alle Sperrholzteile und die Rohholzhalbkugeln antikblau grundieren, trocknen lassen, mit Krakelier-Lack bestreichen, nochmals trocknen lassen und dann wie abgebildet anmalen. Die Innenlinien aufmalen.

3 Alle Bohrungen ausführen, bei den Armen und den Schuhen von vorne, bei beiden Händen und dem Stern von der Seite. Die Arme annageln, aber nicht zu fest, damit sie beweglich bleiben. Den dicken Draht durch den Stern stecken, beide Drahtenden durch die Hände führen und die Drahtenden locken.

4 Zwei mit dünnem Draht verzierte Knöpfe ankleben. Dazu ein Stückchen Draht von hinten durch die Löcher stecken, die Enden verzwirbeln und danach locken. Durch die Löcher der Schuhe etwas Paketschnur fädeln und pro Schuh eine Schleife binden. Die Bastlocken in der Mitte mit dünnem Draht umwickeln, die Drahtenden abkneifen und die Haarpracht fixieren. Beide Filzflügel von hinten ankleben.

5 Das zugeschnittene selbstklebende Tafelfolienstück, die Ilexblätter und die kleinen Rohholzkugeln an der Tafel befestigen. Einen kleinen Schwamm mit einer Paketschnur anbinden. Den fertigen Engel auf der Standfläche fixieren, den gestrickten Schal umbinden und die Tafel an den Engel lehnen.

Tipp: Falls kein passender Filz zur Verfügung steht, kann man die Flügel auch aus Sperrholz aussägen.

MOTIVHÖHE
ca. 53 cm

MATERIAL
- Sperrholzrest, 6 mm stark
- Sperrholz, 1 cm stark, 70 cm x 60 cm
- Acrylfarbe in Mittelbraun, Weiß, Scharlachrot, Schilf, Antikblau, Antikgrün, Taubenblau und Metallic-Gold
- Glitterspray in Gold
- Hologramm-Flitter
- Topf aus Rohholz, ø 11,5 cm, 11 cm hoch
- Holzzahlen, 4 cm hoch
- Holzwäscheklammer, 4,5 cm lang
- dicker Filz in meliertem Grau, 6 mm stark, 9 x 33 cm
- Filz in meliertem Grün, 24 cm x 24 cm
- 2 Knöpfe in Perlmutt, ø 3 cm
- Kordel in Gold, ø 2 mm, 60 cm lang
- Stoffstreifen, 9 cm breit, 30 cm lang
- Nüsse
- Draht, ø 0,65 mm
- Nagel, ø 1,2 mm, 2 cm lang
- Messingdraht, ø 0,6 mm
- 2 geschlossene Ringschrauben, vermessingt, 8 mm x 3 mm
- evtl. 2 Holzschrauben, Senkkopf, ø 3,5 mm, 3 cm lang (zum Festschrauben auf der Standfläche)
- Bohrer, ø 1,5 mm, 2 mm, 4 mm und 6 mm

VORLAGENBOGEN 4B

Etwas anderer Adventskalender

→ Countdown bis Weihnachten

1 Den Elch, die Nase, den Arm und die Hand, die Messlatte und die Standfläche aus dem dicken, die Sterne aus dem dünnen Sperrholz aussägen. Aus der Standfläche eine kreisförmige Fläche aussägen. Dazu mit dem dicken Bohrer ein Loch in die Fläche bohren und das Sägeblatt durchstecken.

2 Alle Sperrholzteile, den Holztopf, die Wäscheklammer und die Holzzahlen wie abgebildet anmalen. Alle Innenlinien ergänzen und die Bohrungen ausführen. Die Zahlen und Sterne mit Glitterspray besprühen, sofort mit Flitter bestreuen und nochmals besprühen.

3 Die Nase und den aus Filz zugeschnittenen Pullover ankleben, danach den Arm festnageln. Die Messlatte mit den Zahlen und einem Stern bekleben, beide Ringschrauben eindrehen, die Goldkordel durch die Ringschrauben ziehen und oben und unten durch einen Knoten sichern. Dann die Messlatte samt Hand ankleben (evtl. mit einer kleinen Schraubzwinge zusammendrücken).

4 Ein Stück Messingdraht von hinten durch die Knopflöcher stecken, vorne verzwirbeln und die Drahtenden locken. Dann die Knöpfe festkleben. Das Geweih aus dickem Filz von hinten am Kopf anbringen. Eine Drahtlocke in die seitliche Bohrung im Kopf stecken und fixieren.

5 Den Elch auf der Standfläche fixieren. Das Geweih, den Holztopf und die Standfläche mit Sternen schmücken. Auch ein paar Nüsse sollten nicht fehlen. Zum Schluss den Schal umbinden. Mithilfe der bemalten und mit einem Stern verzierten Holzklammer können die einzelnen Tage angezeigt werden.

Tipp: Das Geweih kann auch aus Sperrholz gefertigt werden.

24
6

Auf, auf nach Lappland

→ witzige Elche auf steiler Piste

MOTIVHÖHE
ca. 17 cm (großer Elch)

MATERIAL
- Sperrholzrest, 4 mm stark
- Sperrholz, 1 cm stark, 30 cm x 50 cm
- Acrylfarbe in Mittelbraun, Gelbocker, Antikgrün, Karminrot, Hellgrau, Taubenblau und Weiß
- dicker Filzrest in meliertem Grau, 6 mm stark
- 2 Stoffstreifen, 2 cm breit, 16 cm lang
- Strohband
- Strukturschnee
- Draht, ø 1,4 mm
- Bohrer, ø 1,5 mm und 2,5 mm

VORLAGENBOGEN 1 B

1 Die Scheiben für die Skistöcke aus dem dünnen, die restlichen Teile aus dem dicken Sperrholz aussägen. Alles wie abgebildet anmalen und die Innenlinien aufmalen.

2 Die Hände werden seitlich durchbohrt, die Scheiben der Skistöcke von vorne. Für die Schwänze jeweils ein großes seitliches Loch bohren.

3 Arme, Beine, die Geweihe aus Filz und die Schwänzchen aus Strohbandfasern ankleben. Dann die Elche, alle Tannen und das beschriftete und zusammengesetzte Schild auf der jeweiligen Standfläche fixieren.

4 Die Scheiben an den Skistöcken festkleben und trocknen lassen. Danach die Stöcke durch die seitlichen Bohrungen der Arme stecken und zusätzlich mit einem Tropfen Kleber fixieren. Jedem Elch seinen Schal umbinden und die Schneefläche, das Schild und alle Tannen mit Strukturschnee betupfen.

Die Heilige Familie

→ niedliche Krippenfiguren

MOTIVHÖHE
ca. 19 cm (Josef)

MATERIAL

- Sperrholzrest, 4 mm stark
- Sperrholz, 1 cm stark, 70 cm x 30 cm
- Acrylfarbe in Weiß, Tannengrün, Antikgrün, Hautfarbe, Scharlachrot, Altrosa, Schwarz, Mittelbraun, Hellgrau, Vanille und Gelbocker
- 4 Rohholzhalbkugeln, ø 2 cm
- Filz in meliertem Blau, 20 cm x 22 cm
- Filzreste in Rosa und meliertem Grau
- Paketschnur, ø 1,7 mm
- Draht, ø 0,65 mm und 1,4 mm
- Bohrer, ø 1,5 mm

VORLAGENBOGEN 3B

1 Josef, Maria, die Krippe, Ochs und Esel, beide Schafe und die Standfläche aus dem dicken, zusätzlich die Haare, die Mundteile von Ochs und Esel und das Stroh aus dem dünnen Sperrholz aussägen.

2 Sperrholzteile und Rohholzhalbkugeln wie auf der Abbildung anmalen und alle Innenlinien ergänzen. Sämtliche Bohrungen ausführen, auch die seitliche Bohrung durch eine Halbkugel-Hand von Josef.

3 Die Hände von Josef und Maria, Josefs Haare, das Mundteil von Ochs und Esel und das Stroh der Krippe ankleben. Marias Umhang laut Vorlage befestigen. Die aus Filz zugeschnittenen Ohren der Schafe, die Ohren des Esels und die Flecken des Ochsens ankleben. Die Drahtlocken aus dem dünnen Draht in die seitliche Bohrung im Kopf von Ochs und Esel stecken, jeweils einen Schwanz aus Paketschnur anbringen und das Paketschnurende etwas aufzwirbeln.

4 Alle Figuren auf der entsprechenden Standfläche fixieren. Josefs Hirtenstab aus dickem Draht durch die seitliche Bohrung der Hand stecken und mit etwas Klebstoff fixieren.

Knusper, knusper

→ mit etwas Geduld kein Problem!

MOTIVHÖHE
ca. 18 cm

MATERIAL
- Sperrholzrest, 4 mm stark
- Sperrholzrest, 6 mm stark
- Sperrholz, 1 cm stark, 50 cm x 30 cm
- Acrylfarbe in Weiß, Hautfarbe, Tannengrün, Mittelbraun, Dunkelbraun, Hellgrau und Gelbocker
- transparenter Stoffrest in Weiß
- Strukturschnee
- 2 Teelichthalter und 2 Teelichter
- Draht, ø 1, 4 mm
- Bohrer, ø 1,5 mm und 6 mm

VORLAGEN-BOGEN 2A

1 Das Gebäck und die Mandeln aus dem dünnen, die Tür aus dem mittelstarken und das Haus, zusätzlich die Dachkante und die Schornsteinschneehaube, die Tanne und die Standflächen aus dem dicken Sperrholz aussägen. Die Sterne aus der Tanne, die Fensteröffnungen aus dem Haus und die Zwischenräume der Brezeln aussägen.

2 Alles wie abgebildet anmalen. Die Mandeln aufkleben, das Haus mit Gebäck, Dachkante und Schornsteinschneehaube bekleben. Für das Anbringen der Tür zwei Bohrungen von vorne in das Haus und zwei seitliche Bohrungen in der Tür ausführen. Die sternförmigen Öffnungen der Tanne und das Fenster werden mit transparentem Stoff hinterklebt.

3 Das Haus und die kleine Tanne sowie die große Tanne auf ihren jeweiligen Standflächen fixieren. Für die Tür zwei ca. 2 cm lange Drahtstücke etwas abwickeln, in die Bohrungen des Häuschens stecken und mit etwas Kleber fixieren. Die Tür auf die Drahtenden stecken, ebenfalls fixieren und in die richtige Stellung biegen.

4 Die Schneefläche mit Gebäck schmücken und die Tannen und das Häuschen mit Strukturschnee betupfen. Hinter dem Häuschen und der großen Tanne jeweils ein Teelicht aufstellen.

Hinweis: Die Teelichter niemals unbeaufsichtigt brennen lassen!

Hallo!

→ guckt keck von der Türzarge

MOTIVBREITE
ca. 30 cm

MATERIAL
- Sperrholz, 1 cm stark, 40 cm x 35 cm
- Acrylfarbe in Schilf, Scharlachrot, Weiß, Taubenblau und Orange
- Filzrest in meliertem Blau
- Stoffrest, 6 cm x 6 cm (für den Flicken)
- Dschungelmoos in Grün
- Messingglöckchen, ø 1,5 cm
- Draht, ø 0,35 mm
- Bohrer, ø 1,5 mm

VORLAGEN-BOGEN 4A

1 Den Schneemann, die Hände und die Nase aus dem Sperrholz aussägen. Wie abgebildet anmalen und alle Innenlinien ergänzen.

2 Den Flicken aus Stoff und den Mützenrand aus dem zugeschnittenen Filzrest aufkleben. Ein Loch in den Zipfel der Mütze bohren und eine kleine Glocke mit Draht anbringen.

3 Die Hände und die Möhre befestigen und darauf achten, dass sie genau senkrecht aufgeklebt werden. Die Mütze mit etwas Dschungelmoos schmücken.

Oh, wie lecker!

→ einfach gemacht

MOTIVHÖHE
ca. 9,5 cm (Lebkuchenmann)

MATERIAL
- Sperrholzrest, 4 mm stark
- Sperrholz, 1 cm stark, 20 cm x 25 cm
- Acrylfarbe in Karminrot (Wangen), Weiß (Wangen), Mittelbraun, Dunkelbraun und Hautfarbe
- 4 Stoffstreifen, 1 cm breit, 25 cm lang
- Bohrer, ø 3 mm und 6 mm

VORLAGENBOGEN 2A

1 Die Mandeln aus dem dünnen und das Gebäck aus dem dicken Sperrholz aussägen. Aus dem Stern eine kreisförmige Fläche aussägen. Dazu mit dem dicken Bohrer ein Loch in die Fläche bohren und das Sägeblatt durchstecken.

2 Alle Teile wie abgebildet anmalen und die Innenlinien ergänzen. Die Mandeln aufkleben und die Stoffstreifen als Aufhängung befestigen.

MOTIVHÖHE
ca. 13 cm (Ziehpferdchen)

MATERIAL
- Sperrholzrest, 1 cm stark
- Acrylfarbe in Hellgrau, Weiß, Tannengrün, Scharlachrot und Gelbocker
- 4 Holzräder, ø 3 cm, 8 mm stark, mit einer Bohrung mit ø 4 mm
- 2 Rundholzstücke, ø 4 mm, 3 cm lang (für die Achsen)
- Rundholzstücke, ø 4 mm, 8,5 cm lang (für das Steckenpferd)
- Rohholzkugel, ø 2 cm, mit einer Bohrung von ø 4 mm
- Rohholzkugel, ø 1,5 cm, mit einer Bohrung von ø 4 mm
- Paketschnur, ø 1,7 mm
- Strohband
- Samtfaden in Rot, ø 2 mm, 26 cm lang
- geschlossene Ringschraube, vermessingt, ø 3 mm, 8 mm lang
- Bohrer, ø 2 mm, 3 mm, 4 mm und 4,5 mm

VORLAGENBOGEN 2A

Steckenpferdchen und Ziehpferdchen

→ einfach niedlich

1 Das Ziehpferd und das Steckenpferd aussägen. Die Pferde, die Holzräder und die Holzkugeln wie abgebildet anmalen und alle Innenlinien ergänzen.

2 Die seitlichen Bohrungen für die Mähne, beim Ziehpferd auch für den Schwanz und beim Steckenpferd auch für das Rundholz ausführen. Die Löcher für die Räder vorsichtig von vorne bohren, evtl. mit einem dünnen Bohrer vorbohren. Das Steckenpferd erhält für die Aufhängung eine Bohrung von vorne.

3 Die Mähnen und den Schwanz aus zerfasertem Strohband fixieren. Die Räder mit den entsprechenden Rundholzstücken befestigen und die Ringschraube einschrauben. Eine Paketschnur durch die Öse ziehen, eine kleine Ziehkugel auffädeln und die Paketschnurenden verknoten.

4 Das lange Rundholzstück in das Steckenpferd einkleben, die große Holzkugel auf das Ende des Rundholzstücks stecken und fixieren. Das Rundholzstück anmalen und den Samtfaden als Aufhängung anbringen.

Naschplatz für den Winter

→ auch ein beliebtes Geschenk

MOTIVHÖHE
ca. 46 cm

MATERIAL
- Sperrholz, 1 cm stark, 25 cm x 45 cm
- Acrylfarbe in Scharlachrot, Schwarz, Weiß und Gelbocker
- Paketschnur, ø 2,5 mm, 2 x 23 cm (für die Beine) und ca. 1 x 50 cm lang (für die Aufhängung)
- Stoffstreifen, 5 cm breit, 21 cm lang
- gebogener Schraubhaken, vermessingt, ø 1,8 mm, 1,3 cm lang
- Bohrer, ø 3 mm und 6 mm

VORLAGENBOGEN 4A

1 Den Fuchs und beide Füße aussägen. Die Aussparung aus dem Körper sägen. Dazu mit dem dicken Bohrer ein Loch in die Fläche bohren und das Sägeblatt durchstecken.

2 Alles wie abgebildet anmalen und die Innenlinien ergänzen. Alle Bohrungen entsprechend der Vorlage ausführen und den Schraubhaken eindrehen.

3 An den Füßen ein Stück Paketschnur in die Bohrung stecken und fixieren. Nach dem Trocknen des Klebers das andere Ende der Paketschnur in die entsprechende Bohrung im Körper stecken und ebenfalls fixieren. Die Schnur zum Aufhängen anbringen und den Stoffschal umbinden.

Merry Christmas

→ ein stattlicher Weihnachtsmann

MOTIVHÖHE
ca. 70 cm

MATERIAL

- Sperrholz, 1 cm stark, 80 cm x 70 cm
- Holzbuchstaben, 4 cm hoch
- Rohholzhalbkugel, ø 4 cm
- Acrylfarbe in Antikblau, Weiß, Karminrot, Metallic-Gold, Antikgrün, Schwarz und Hautfarbe
- Krakelier-Lack
- Filzrest in meliertem Grün
- Filz in meliertem Grau, A4
- Stofftuch, 9 cm x 15 cm
- Stoffrest, 9 cm x 6 cm (für den Flicken)
- Juteschnur in Grün, ø 3 mm, 82 cm lang
- Paketschnur, ø 1,7 mm
- Hologramm-Flitter
- Glitterspray in Gold
- Islandmoos
- Zweiglein
- Draht, ø 0,65 mm
- evtl. 2 Holzschrauben, Senkkopf, ø 3,5 mm, 3 cm lang (zum Festschrauben der Standfläche)
- Bohrer, ø 1,5 mm, 2 mm und 4 mm

VORLAGENBOGEN 3A

1 Den Weihnachtsmann, die Arme, die Standfläche und zusätzlich den Pompon und den Mützenrand aus dem Sperrholz aussägen.

2 Alle Sperrholzteile, die Rohholzhalbkugel und die Holzbuchstaben antikblau grundieren, trocknen lassen, mit Krakelier-Lack bestreichen und nochmals trocknen lassen. Alles anmalen und die Innenlinien ergänzen. Die Löcher von vorne bohren.

3 Den Pompon, den Mützenrand und die Nase ankleben. Die Arme und den Körper verbinden. Dazu u-förmig gebogenen Draht von vorne durch die Löcher führen. Auf der Rückseite die Drahtenden umbiegen und abkneifen.

4 Die Bauchtasche mit der Filztanne bekleben und fixieren. Dazu nur die äußere Kante der Tasche mit Kleber einstreichen und festkleben. Den Flicken aufkleben. Die Buchstaben mit Glitterspray besprühen, sofort mit Flitter bestreuen und nochmals besprühen. Nach dem Trocknen auf die Juteschnur kleben.

5 Den Weihnachtsmann auf der Standfläche fixieren. Die Juteschnurenden durch die Löcher der Hände führen und verknoten. Den Knoten mit etwas Kleber versehen. Wenn dieser trocken ist, die überflüssige Juteschnur abschneiden. Ein Stofftuch und einen Besen in die Bauchtasche stecken und etwas Islandmoos auf die Standfläche kleben. Für den Besen Paketschnur um einige Zweige wickeln und verknoten.

MERRY CHRISTMAS

Welch ein Lichterglanz

→ dekorativ auf der Fensterbank

1 Die Möhren aus dem dünnen, die Sterne aus dem mittleren und den Rest aus dem dicken Sperrholz aussägen. Aus den Tannen sternförmige Flächen aussägen. Dazu mit dem dicken Bohrer ein Loch in die entsprechende Fläche bohren und das Sägeblatt durchstecken. Alles wie abgebildet anmalen und die Innenlinien ergänzen.

2 Die Bohrungen in den Armen und den Schuhen von vorne ausführen. Die Nasen ankleben, die Arme annageln und die Knöpfe fixieren. Zuvor etwas Nähgarn durch die Knopflöcher ziehen.

3 Aus den Modellierfilzteilen die Mützen formen. Dazu den Filz zuschneiden, befeuchten, um den Kopf legen und in Form bringen. Danach trocknen lassen und jeweils ein Messingglöckchen mit dünnem Draht am Zipfel befestigen.

4 Die Tannen und die Schneemänner auf der Standfläche fixieren, die Mützen festkleben und die zusammengesetzten Kerzenhalter senkrecht auf die Tannenzweige kleben. Jeweils ein Stück dicken Draht von hinten durch die Löcher der Schuhe stecken, vorne verzwirbeln und die Drahtenden locken. Danach das Schuhpaar ankleben.

5 Die Schneefläche mit Strukturschnee betupfen, einen Besen aus Reisig auf die Schneefläche kleben und diese zusätzlich mit fünf Sternen schmücken. Die Sterne vorher mit Ice-Kristall betupfen und trocknen lassen. Jeder Schneemann erhält einen Schal umgebunden.

Hinweis: Die Kerzen niemals unbeaufsichtigt brennen lassen!

MOTIVHÖHE

ca. 23,5 cm (große Tanne)

MATERIAL

- Sperrholzrest, 4 mm stark
- Sperrholzrest, 6 mm stark
- Sperrholz, 1 cm stark, 70 cm x 55 cm
- Acrylfarbe in Weiß, Scharlachrot, Mittelgelb, Taubenblau, Orange, Schilf und Olivgrün
- 10 Holzkerzenhalter mit Messing-Kerzentüllen mit Tropfenfänger für die Kerzen bis ø 1,4 cm
- Modellierfilz in Rot in Form eines Dreiecks mit den Seitenlängen 25 cm x 30 cm x 24 cm
- Modellierfilz in Blau in Form eines Dreiecks mit den Seitenlängen 18 cm x 18 cm x 20 cm
- Paketschnur, ø 1,7 mm
- Nähgarn in Gelb
- 3 Knöpfe in Dunkelblau, ø 1,1 cm
- 2 Stoffstreifen, 2 cm breit, 30 cm lang und 1,5 cm breit, 22 cm lang
- 2 Messingglöckchen, ø 1,5 cm und 1,1 cm
- 10 Kerzen in Weiß, ø 1,4 cm, ca. 7,5 cm lang (kleine Pyramidenkerzen)
- 3 Nägel, ø 1,2 mm, 2 cm lang
- Reisig und Ästchen (für den Besenstiel)
- Ice-Kristall
- Strukturschnee
- Draht, ø 0,35 mm und 0,65 mm
- Bohrer, ø 1,5 mm und 6 mm

VORLAGENBOGEN 1A+1B

Welch nette Begrüßung

→ für geübte Hände

MOTIVGRÖSSE
ca. 21,5 cm (ohne Latte und Holzbuchstaben)

MATERIAL
- Sperrholzrest, 4 mm stark
- Sperrholzrest, 8 mm stark
- Sperrholz, 1 cm stark, 25 cm x 28 cm
- Acrylfarbe in Scharlachrot, Mittelgelb, Schwarz, Weiß, Antikblau, Antikgrün, Taubenblau, Orange und Schilf
- Holzbuchstaben, 4 cm hoch
- Holzlatte, 4 cm x 1 cm, 60 cm lang
- 2 Knöpfe in Gelb und Grün, ø 6 mm
- 2 Schellen, vermessingt, ø 6 mm
- Stoffstreifen, 1 cm breit, 16 cm lang
- Strohband
- Zahnstocher
- Reisigzweige
- Ice-Kristall
- Draht, ø 0,35 mm und 0,65 mm
- 2 Nägel, ø 1 mm, 1,5 cm lang
- Bohrer, ø 1,5 mm und 2,5 mm

VORLAGENBOGEN 4A

1 Das Schild samt der Figuren aus dem dicken, alle Arme und Füße aus dem mittleren, die Möhren, den Schnabel, die Tanne, das Herz und zusätzlich den Mützenrand und die Mütze des Pinguins aus dem dünnen Sperrholz aussägen.

2 Alle Sperrholzteile, die Holzbuchstaben und die zugespitzte Holzlatte wie auf der Abbildung anmalen. Ca. 10 cm breite Streifen auf die Holzlatte aufmalen. Alle Innenlinien ergänzen.

3 Die benötigten Bohrungen durch die Mützen, die beiden Arme, das Herz und die Tanne von vorne ausführen. Sämtliche Arme erhalten zusätzlich eine seitliche Bohrung. Die Nasen, den Schnabel, den Mützenrand, die Mütze, den Arm des kleinen Schneemanns und alle Füße ankleben. Beim großen Schneemann und dem Pinguin die Arme annageln.

4 Das Herz und die Tanne jeweils auf ein Stückchen dicken Draht fädeln, verzwirbeln und das Drahtende locken. Das andere Ende durch die seitliche Bohrung des entsprechenden Arms führen und ebenfalls locken. Mit dem dicken Draht einige Strohbandfasern und den Zahnstocher so umwickeln, dass ein kleiner Besen entsteht. Diesen durch die seitliche Bohrung des kleinen Schneemanns stecken und fixieren. Mit dünnem Draht die kleinen Schellen anbringen. Ein Stück Draht durch die Löcher der Knöpfe stecken, vorne verzwirbeln und die Drahtenden locken. Danach die Knöpfe ankleben.

5 Die Buchstaben mit Ice-Kristall betupfen und trocknen lassen. Dann den Schriftzug aus Holzbuchstaben anbringen. Zum Schluss dem Pinguin einen Schal umbinden, die Holzlatte anbringen und diese mit einem Reisigbündel schmücken, das mit dicken Draht mit gelockten Drahtenden umwickelt wurde.

WINTER
ZEIT

Engelchen und Weihnachtsmann

→ auch als Geschenke gern gesehen

MOTIVHÖHE
ca. 15 cm (Engel)

MATERIAL FÜR BEIDE FIGUREN

- Sperrholz, 1 cm stark, 26 cm x 35 cm
- Acrylfarbe in Antikblau, Antikgrün, Hautfarbe, Weiß und Karminrot
- Krakelier-Lack
- 2 Rohholzhalbkugeln, ø 2 cm
- 3 Rohholzhalbkugeln, ø 1,5 cm
- Modellierfilz in Rot in Form eines Dreiecks mit den Seitenlängen 16 cm x 18 cm x 18 cm
- dicker Filzrest in meliertem Grau, 6 mm stark
- Stoffstreifen, 2 cm breit, 15 cm lang
- Paketschnur, ø 1,7 mm
- Juteschnurstück, ø 6 mm, 10 cm lang
- Draht, ø 0,35 mm
- Kupferblechrest, 0,1 mm stark
- Messingglöckchen, ø 9 mm
- Reisig

VORLAGENBOGEN 1B

1 Den Engel, das große Herz, den Weihnachtsmann und die Tanne aus dem Sperrholz aussägen, die Flügel aus dem Filz und das kleine Herz aus dem Kupferblech ausschneiden.

2 Die Sperrholzteile und Rohholzhalbkugeln in Antikblau grundieren, trocknen lassen, mit Krakelier-Lack bestreichen, nochmals trocknen lassen und danach wie abgebildet anmalen. Alle Innenlinien ergänzen.

3 Die Nase, das Kupferherz und die Hände des Engels aufkleben. Für beide Haare das Juteschnurstück in der Mitte mit Draht umwickeln, die Drahtenden abkneifen, die Juteschnur aufzwirbeln und befestigen. Die Filzflügel anbringen, den Schal umbinden und den Engel auf dem Herzen fixieren.

4 Die Nase und die Hände des Weihnachtsmanns ankleben. Aus dem zugeschnittenen Modellierfilzstück eine Mütze formen. Dazu den Filz anfeuchten, um den Kopf legen und in Form drücken. Nach dem Trocknen eine kleine Glocke mit Bindedraht an der Mützenspitze befestigen. Dazu mit einer Nähnadel ein Loch durch die Mütze stechen, den Bindedraht durchstecken, das Glöckchen andrahten und die Drahtenden locken. Danach die Mütze mit Kleber am Kopf befestigen und den Weihnachtsmann auf der Tanne fixieren. Die Reisigzweiglein für die Rute mit Paketschnur umwickeln.

Tipp: Die Flügel können auch aus Sperrholz ausgesägt werden!

Bald ist Weihnachten

→ ein einfacher, niedlicher Engel

MOTIVHÖHE
ca. 28 cm

MATERIAL
- Sperrholz, 8 mm stark, A4
- Sperrholz, 1 cm stark, 55 cm x 45 cm
- Acrylfarbe in Weiß, Zartrosa, Hautfarbe, Antikgrün, Dunkelblau, Taubenblau, Pfirsich und Schilf
- Filzreste in meliertem Rot und meliertem Grün
- Juteschnur, ø 6 mm, 3 x je 60 cm lang
- Stoffstreifen, 3 cm breit, 30 cm lang
- Zinkgefäß, oval, 16,5 cm x 10 cm
- Draht, ø 0,35 mm
- 2 Nägel, ø 1,2 mm, 2 cm lang
- evtl. Holzschrauben, Senkkopf, ø 3,5 mm, 3 cm lang (für das Anschrauben der Standfläche)
- Bohrer, ø 1,5 mm, 2 mm, 4 mm und 6 mm

VORLAGENBOGEN 2A

1 Den Engel, beide Arme und die Standfläche aus dem dicken, die Flügel aus dem dünnen Sperrholz aussägen. Aus der Standfläche die Aussparungen für das Zinkgefäß aussägen. Dazu ein Loch (ø 6 mm) in die ovale Fläche bohren und das Sägeblatt durchstecken.

2 Alle Teile wie abgebildet anmalen. Nach dem Trocknen die Innenlinien ergänzen. Die Arme von vorne durchbohren und festnageln. Die Flügel von hinten ankleben. Die Filztanne und das Filzherz auf einen Flügel kleben.

3 Drei Juteschnurstücke in der Mitte mit etwas Draht umwickeln, diesen verzwirbeln und die Drahtenden abkneifen. Beide Seiten zu Zöpfen flechten und ca. 6 cm von den Schnurenden entfernt wieder mit etwas Draht umwickeln. Auch hier die Drahtenden abkneifen und die Zopfenden aufzwirbeln.

4 Die Frisur ankleben und den Engel auf der Standfläche befestigen. Einen Stoffschal um den Hals binden und das Zinkgefäß in die Aussparung stellen.

Tipp: Auch eine andere Frisur kann nett aussehen!

Drei Könige aus dem Morgenland

→ eine lustige Dekoration

MOTIVHÖHE
ca. 22 cm (Braunbär)

MATERIAL

- Sperrholz, 1 cm stark, 50 cm x 40 cm
- Acrylfarbe in Weiß, Schwarz, Antikgrün, Scharlachrot, Mittelbraun und Metallic-Gold
- Filz in meliertem Grün, meliertem Grau und meliertem Rot, jeweils ca. 15 cm x 23 cm
- Kordel in Gold, ø 2 mm, 3 x ca. 50 cm lang
- Kordel in Gold, ø 1 mm, ca. 15 cm lang
- Hologramm-Flitter
- Lochzange

VORLAGENBOGEN 1A

1 Die Bären, die Geschenke, alle Arme und die Standflächen aus dem Sperrholz sägen.

2 Alle Teile wie abgebildet bemalen, die Innenlinien ergänzen und nach dem Trocknen die Verzierung aus Hologramm-Flitter anbringen. Dazu die Konturen mit Flüssigkleber nachziehen und sofort mit Flitter bestreuen.

3 Die Bären zusammensetzen und auf der jeweiligen Standfläche fixieren. Auf das Geschenk des kleinen Eisbären eine kleine Schleife aus dünner Goldkordel kleben.

4 Die Umhänge aus Filz entsprechend der Vorlage zuschneiden. Die oberen Ränder mit der Lochzange lochen, die dicken Goldkordeln einfädeln und den Bären die Umhänge umbinden.

Welch ein stattliches Exemplar

Anleitung auf Seite 32

MOTIVHÖHE
ca. 27 cm

MATERIAL
- Sperrholzrest, 6 mm stark
- Sperrholzrest, 8 mm stark
- Sperrholz, 1 cm stark, A4
- Acrylfarbe in Antikblau, Taubenblau, Karminrot, Mittelbraun, Weiß und Schilf
- Krakelier-Lack
- Filzrest in meliertem Grün
- kleine Holzklammer, 3 cm lang
- Messingschelle, ø 9 mm
- Strohband
- Islandmoos
- Nüsse
- Zapfen
- Draht, ø 0,35 mm
- 2 Nägel, ø 1,2 mm, 2 cm lang
- Bohrer, ø 1,5 mm

VORLAGENBOGEN
1 A

Welch ein stattliches Exemplar

→ schmückt den Weihnachtstisch

1 Den Elch, beide Arme und die Standfläche aus dem dicken, die Nase aus dem mittleren und die Mütze zusätzlich aus dem dünnen Sperrholz aussägen.

2 Alle Teile in Antikblau grundieren, trocknen lassen, mit Krakelier-Lack bestreichen und nochmals trocknen lassen. Jetzt alles wie abgebildet anmalen. Alle Bohrungen von vorne vornehmen.

3 Unter die Mütze ein paar Strohbandfasern kleben, die Nase anbringen und beide Arme festnageln. Die schilffarbene Klammer ankleben und die Filztanne festklemmen. Die kleine Messingschelle mit etwas Bindedraht anbringen.

4 Den fertigen Elch auf der Standfläche befestigen. Diese mit Islandmoos, Nüssen und einem Zapfen schmücken.

Tipp: Man kann die kleine Klammer auch weglassen und die Filztanne aufkleben.

DIESES BUCH ENTHÄLT 4 VORLAGENBOGEN

IMPRESSUM

FOTOS: frechverlag GmbH, 70499 Stuttgart; Fotostudio Ullrich & Co., Renningen
DRUCK: frechdruck GmbH, 70499 Stuttgart

Auflage: 5. 4. 3. 2. 1.
Jahr: 2008 2007 2006 2005 2004 [Letzte Zahlen maßgebend]

ISBN 3-7724-3300-6
Best.-Nr. 3300